Fiche **notion**

Par Arnaud Sorosina

La démonstration

lePetitPhilosophe.fr

INTRODUCTION

Démontrer, c'est mettre en évidence quelque chose qui était en réserve, non manifeste. Cette définition permet de rendre compte de la double signification du mot « démonstration » :

- d'une part, c'est une **manifestation extérieure** destinée à impressionner un éventuel spectateur. On parle dans ce cas de démonstration performative ;
- il désigne d'autre part la **procédure logique** par laquelle, à partir de deux propositions, on tire une conclusion qui met au jour une vérité auparavant inapparente. On parle alors de démonstration logique.

Telle est la force de la démonstration : elle agit à la fois sur les sentiments, sous sa forme non linguistique, et sur l'intellect, sous sa forme logique.

Bien sûr, il y a entre ces deux types de démonstrations un abime :

- la démonstration de force, de richesse ou de maitrise technique cherche à manifester une puissance, parfois brutalement, et à « en imposer » ;
- la démonstration logique est un instrument visant à établir la vérité. En ce sens, elle suppose au contraire que les forces qui s'affrontent se soient dissipées, qu'elles aient été sublimées dans la capacité à cartographier le réel grâce à l'outillage conceptuel de la logique.

Il y a donc, de la démonstration performative à la démonstration logique, une spiritualisation de l'instinct, qui empêche sa puissance de se manifester dans le sensible pour l'appliquer à des réalités d'ordre intelligible. Toute la question est de savoir si, en s'intellectualisant, la force devient réellement inoffensive : **l'idéal démonstratif est-il vraiment la recherche de la vérité ou bien une ruse de la puissance pour ne pas apparaitre comme telle ?**

<u>Niveaux de lecture :</u>

*** : incontournable

** : à ne pas négliger

* : pour approfondir

APPROCHES DE LA NOTION

ORIGINES ET FONDEMENTS DE LA DÉMONSTRATION LOGIQUE

La vérité archaïque *

L'idée de vérité comme adéquation entre le discours et le réel n'apparait qu'au Vᵉ siècle av. J.-C., lorsque les philosophes s'emploient à codifier les règles du raisonnement. Auparavant, dans une société grecque fortement hiérarchisée, **seuls certains individus détiennent la vérité** : les maitres de vérité. Cependant, leur rôle n'est pas de dire ce qui est, mais de dire ce qui doit être cru : la vérité, au sens archaïque, n'est rien d'autre que **la parole qui sort de la bouche de l'autorité supérieure**. Elle a donc partie liée avec le pouvoir (<u>citation 1</u>).

Le terme grec *alètheia*, qui signifie « vérité », désigne étymologiquement le dévoilement de ce qui doit être conservé en mémoire (*a-lètheia* signifie, littéralement, le « non-oubli »). La pensée magicoreligieuse de l'époque archaïque (VIIIᵉ-VIIᵉ siècle av. J.-C.) ne fait aucun cas de la conformité entre la parole et la réalité, puisque la réalité est créée par la parole qui l'énonce. Dans une société où la parole vraie a une source bien déterminée et ne saurait faire l'objet de contestation, **la démonstration logique n'a donc aucune nécessité** : la vérité est accaparée par le pouvoir politique, et consiste en une démonstration de puissance, non de logique.

Démonstration et persuasion dans la Grèce ancienne **

À l'orée du Ve siècle av. J.-C., les principes de la démocratie grecque sont mis en place, et n'importe quel citoyen a désormais le droit de se prononcer sur les questions politiques et religieuses. L'autorité n'est donc plus acquise : il faut désormais conquérir l'auditoire.

Comme **Platon** (427-347 av. J.-C.) ne cesse de l'observer dans ses dialogues, l'assemblée des citoyens n'est cependant pas le lieu d'un débat rationnel où la logique l'emporte, mais une arène où les orateurs entrent dans une véritable joute pour s'imposer. Ainsi, **seuls ceux qui savent parler avec éloquence sont écoutés**, autrement dit seul l'effet persuasif importe. Et si, pour être efficace, il est utile de faire passer pour vrai ce qui n'est que vraisemblable, alors le locuteur n'a aucun scrupule à malmener les règles de la logique.

Platon se livre ainsi à une **critique virulente des sophistes**, des professeurs itinérants qui enseignaient l'art de la rhétorique aux jeunes gens destinés à jouer un rôle dans les assemblées démocratiques. Il les accuse de chercher à convaincre à l'aide d'arguments fallacieux, à séduire un auditoire et à flatter l'opinion plutôt que de chercher à atteindre la vérité. Au contraire, le philosophe élabore une éthique du discours qui commande de ne jamais chercher à tromper volontairement son destinataire. Ainsi, l'argumentation ne vise pas nécessairement à abuser l'auditoire.

D'ailleurs, preuve en est que **la logique est fille de la rhétorique** : les premiers théoriciens de la rhétorique passent en revue les différents procédés qui permettent de construire un discours et mettent en place les premières règles du raisonnement.

Le syllogisme et ses règles ***

C'est **Aristote** (384-322 av. J.-C.) qui met en place les règles du raisonnement valide, dont l'archétype est le syllogisme, dans un ensemble d'ouvrages, l'*Organon* (« Instrument »). Ces règles joueront un rôle décisif dans toute l'histoire de la logique.

Aristote définit **le syllogisme** comme **un raisonnement formé de trois propositions** :

- une prémisse majeure : « Tous les hommes sont mortels » ;
- une prémisse mineure : « Socrate est un homme » ;
- une conclusion : « Socrate est mortel ».

La conclusion doit :

- apporter une nouveauté par rapport aux prémisses ;

- découler nécessairement des prémisses <u>(citation 2)</u>.

Ces deux conditions ne sont pas si évidentes qu'il y parait. La première empêche au raisonnement de piétiner : les philosophes mégariques, à la suite de **Parménide d'Élée** (vers 515-440 av. J.-C.), soutenaient que **la seule vérité logique était la tautologie**, qui consiste à dire qu'une chose est ce qu'elle est : « A est A ». Or dire que « Socrate est mortel » revient à dire que « A est B ». Mais comment A peut-il être à la fois A et B ?

Pour échapper à cette difficulté, Aristote distingue :

- d'une part **la substance** : « Socrate » est la substance ;
- d'autre part **les attributs** : « mortel » est un attribut. Il est tout à fait possible pour une même substance de revêtir plusieurs attributs différents.

La deuxième condition – que la conclusion découle nécessairement des prémisses – assure la rigueur du raisonnement syllogistique, sans quoi l'on pourrait démontrer tout et n'importe quoi. Ainsi, dans sa *Physique*, Aristote s'oppose aux arguments de **Zénon d'Élée** (Ve siècle av. J.-C.) contre le mouvement. Zénon, un disciple de Parménide, voulait montrer le caractère indépassable de la logique de l'identité que son maitre avait élaborée : « A est A » est la seule vérité logique. Or le mouvement produit le devenir, de sorte que ce qui est blanc peut devenir noir, etc. : dès lors « A devient B ». La stratégie de Zénon consiste inversement à montrer que le mouvement n'existe pas et donc que, du point de vue logique, **il n'y a que de l'être permanent, mais pas de devenir**, même si nos yeux nous font croire le contraire.

L'un des arguments de Zénon consiste ainsi à soutenir que le mouvement ne peut pas avoir lieu, car si l'espace est divisible à l'infini, alors tout mouvement implique qu'une distance infinie soit franchie : si je veux aller de A en B, je dois d'abord passer par le milieu de la distance, C, et par le milieu du segment AC, D, et ainsi de suite à l'infini.

Aristote répond alors en distinguant :

- d'un côté, **ce qui existe en acte** ;
- de l'autre, **ce qui existe en puissance**.

En acte, c'est-à-dire dans sa réalisation, le mouvement est une réalité finie. C'est l'esprit qui, lorsqu'il se représente le mouvement, et donc en imagine la possibilité, se permet de le découper indéfiniment en portions : la divisibilité infinie de l'espace n'existe donc qu'en puissance, dans notre esprit qui raisonne. Il ne faut pas croire que la nature des objets réels (en acte) est la même que la nature des objets logiques (en puissance).

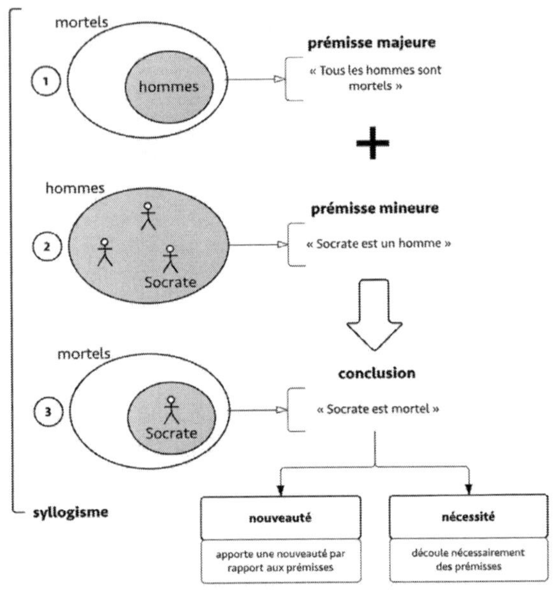

LE CHAMP DE LA DÉMONSTRATION LOGIQUE

Les principes de la logique : validité et formalisme **

Un raisonnement, pour être valide, doit respecter des principes, c'est-à-dire **des vérités fondamentales** qui elles-mêmes ne peuvent pas être prouvées, mais sont **les conditions de possibilité de toute la logique**.

Les principes de la logique ont été mis en évidence par Aristote, dans le livre *gamma* de la *Métaphysique* :

- le principe fondamental est le **principe de non-contradiction**, d'après lequel il est impossible de soutenir, en même temps, une chose et son contraire : « A » et « non-A » ne peuvent être vraies simultanément ;
- corrélativement, le raisonnement doit obéir au **principe d'identité**, selon lequel les termes logiques ne peuvent pas changer de sens : ce qui est doit demeurer le même (« A est A »), sans quoi il y aurait contradiction ;
- enfin, une proposition doit être vraie ou fausse : entre « A » et « non-A », l'une des deux propositions est vraie, l'autre fausse, il n'y a pas de troisième solution. C'est pourquoi ce dernier principe est appelé le **principe du tiers exclu**.

Le respect de ces principes est assuré par l'utilisation d'un symbolisme formel, c'est-à-dire d'un alphabet logique spécifique. En effet, **la signification des termes, dans chaque prémisse, doit être claire et identique**, sans quoi il est aisé de manipuler le langage pour prétendre démontrer tout et n'importe quoi. Par exemple, en utilisant le mot « rare » dans le sens de « peu commun », puis dans le sens de « précieux », on peut démontrer qu'« un cheval bon marché est cher », car « un cheval bon marché est rare » ; or « tout ce qui est rare est cher ». Ce raisonnement ne respecte pas le principe d'identité, car les termes qu'il utilise sont imprécis et utilisés dans des sens différents.

Par conséquent, **la logique ne manipule que des termes précis, ce qui exige que ces termes n'aient pas de réfé-**

rence dans le monde sensible. En effet, tous les termes ayant une référence dans le réel sont indéfinis, dans la mesure où l'on peut discuter sur leur définition (ainsi, on n'est pas sûr de s'accorder sur la définition de « bon marché »).

La logique dans l'argumentation **

Mais si la démonstration logique doit écarter toute référence au réel pour devenir l'objet d'une science formelle, alors a-t-elle encore une prise sur le réel ?

Au début des *Topiques*, **Aristote** rappelle que l'argumentation en situation d'interlocution, c'est-à-dire dans un dialogue entre plusieurs interlocuteurs, ne peut pas s'élaborer au moyen de syllogismes scientifiques. Il distingue alors :

- **le syllogisme scientifique**, dont les prémisses sont démontrées logiquement et qui utilise des termes non référentiels ;
- **le syllogisme dialectique**, dont les prémisses sont seulement probables et qui utilise des termes référentiels. Mais celui-ci doit obéir tout autant aux critères de la logique pure.

Faute de constituer des vérités logiques, **les conclusions du syllogisme dialectique peuvent être tenues pour vraisemblables, lorsque l'opinion (doxa) est en accord avec elles**. Mais cela ne signifie pas que l'opinion a toujours raison. Il est possible de démontrer une proposition paradoxale, qui contredit l'opinion, si on utilise pour ce faire des prémisses conformes à l'opinion : on réfute ainsi une opinion en utilisant d'autres opinions, ce qui montre bien que toutes les opinions ne se valent pas, puisque la logique dialectique ne reconnait de validité qu'à l'opinion justifiée. Une opinion ne vaut rien si elle n'est pas étayée par un syllogisme dialectique. La logique est donc également à l'œuvre dans le champ de l'argumentation.

Les théoriciens de l'argumentation ont répertorié les différents paralogismes, c'est-à-dire les raisonnements faux dans leur forme, afin d'assurer au discours argumentatif le maximum de cohérence logique. Si l'on prend par exemple le *modus ponens* (si A alors B, or A, donc B), on constate que très souvent, on commet l'erreur d'inverser ce schéma conclusif en affirmant : si A est B et si C est B, alors C est A. Mais si A est B, B n'est pas nécessairement A. Ainsi le logicien, dans la pièce de théâtre *Le Rhinocéros* d'Eugène Ionesco (1909-1994), commet-il ce genre d'erreur (citation 3). La démonstration obéit donc à des règles strictes. Mais suffit-il de suivre ces règles pour dire la vérité ?

De la validité d'une démonstration à la vérité ***

La difficulté est que **la démonstration logique ne garantit que la validité du raisonnement, non sa vérité** : en d'autres termes, elle n'assure que la cohérence formelle du raisonnement, non son adéquation avec le réel. En effet, un raisonnement peut être logiquement valide sans être vrai pour autant, puisqu'il met en corrélation des propositions dont la correspondance avec le réel repose sur des jugements qui peuvent être faux.

Ainsi, **les preuves de l'existence de Dieu ne peuvent être démonstratives,** car il est impossible de déduire l'existence réelle à partir de l'existence logique d'une chose, comme l'a montré **Emmanuel Kant** (1724-1804) dans la *Critique de la raison pure* (1781-1787) (citation 4).

Au sens strict, les démonstrations logiques ne sont ni vraies ni fausses, dans la mesure où il est impossible de vérifier empiriquement que « A est A ». Il faut donc distinguer :

- **la vérité logique**, qui signifie la cohérence structurelle du discours avec les principes de la logique,
- et **la vérité de fait**, qui suppose la conformité entre le réel et le discours que l'on tient sur lui.

En somme, **le syllogisme garantit la vérité de la conclusion à partir des prémisses, mais il ne garantit pas la vérité des prémisses elles-mêmes**. Car si l'ordre des prémisses permet de démontrer la conclusion, les prémisses elles-mêmes ne sont pas démontrées. Les entités que manipule la logique font donc partie des postulats. En effet, un raisonnement démonstratif manipule toujours des éléments qu'il tient pour acquis, mais qui ne sont eux-mêmes pas démontrables, puisque toute démonstration les présuppose. Ainsi, comme l'explique **Blaise Pascal** (1623-1662) dans *De l'esprit géométrique et de l'art de persuader* (1657), les premiers maillons d'une chaine de déduction ne peuvent faire l'objet d'une démonstration (citation 5).

Lorsque le raisonnement utilise des termes référentiels, **il faut alors recourir à l'expérience pour établir la vérité de ses prémisses**. Or le raisonnement expérimental, c'est-à-dire l'induction, n'établit jamais de lois absolues, mais seulement des régularités : il ne démontre rien, mais consiste uniquement à postuler l'existence d'une loi à partir de l'observation répétée d'un phénomène.

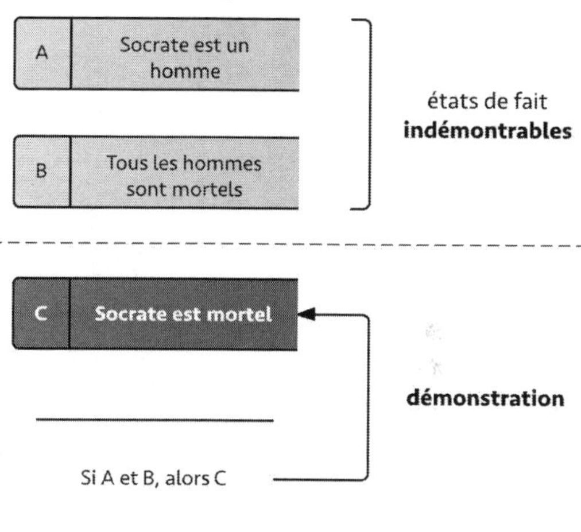

BON À SAVOIR :

L'**induction** désigne une procédure à la fois logique et expérimentale, qui consiste à tirer une loi à partir de l'observation répétée d'un même phénomène : je vois de la fumée chaque fois que du feu brule. Il vient un moment où mon imagination associe ces deux phénomènes au point de suggérer à mon entendement qu'il ne peut y avoir de fumée sans feu. Mais l'induction n'établit pas une vérité logique nécessaire, seulement une vérité expérimentale probable.

LES LIMITES DE LA DÉMONSTRATION LOGIQUE

Une alternative à la démonstration logique : la déduction mathématique ***

René Descartes (1596-1650), qui reproche à la logique aristotélicienne de n'apporter aucune information nouvelle sur le monde, de ne pas être un instrument d'accès à la vérité, élabore au XVIIe siècle **une méthode pour « bien conduire sa raison et chercher la vérité dans les sciences »**, c'est-à-dire pour distinguer le vrai du faux de manière certaine.

Pour ce faire, constatant que le raisonnement mathématique parvient à établir des vérités indubitables, il décide d'appliquer les principes de ce raisonnement à la connaissance du réel. Il s'agit là du fondement de la logique cartésienne.

Dans la seconde partie du *Discours de la méthode* (1637), il donne les **quatre règles qui sous-tendent sa méthode** :

- seules les évidences, c'est-à-dire les idées claires et distinctes, que l'on tient indubitablement pour certaines, sont vraies ;
- il s'agit de recourir à l'analyse, qui permet de diviser les problèmes en questions simples et séparées ;
- la synthèse consiste ensuite à remonter, de manière

ordonnée, des éléments les plus élémentaires aux problèmes les plus complexes ;
- enfin, il faut utiliser le dénombrement afin de vérifier la continuité du raisonnement et de s'assurer que rien n'a été oublié (citation 6).

Descartes distingue ainsi **deux modes d'accès à la connaissance** :

- **l'intuition**, par laquelle nous saisissons des vérités évidentes sans risque d'erreur. Il en va ainsi du cogito, par exemple (« Je pense donc je suis ») ou des règles mathématiques de la distributivité ([a + b] + c = a + [c + b]) ;
- **la déduction**, qui nous permet d'établir un lien entre différentes vérités intuitives.

Contrairement à la logique d'Aristote, la déduction cartésienne s'assure ainsi de la véracité des propositions.

Au-delà de la logique : les réalités de culture *

Les sciences de la nature sont démonstratives dans la mesure où elles portent sur des objets définissables : on postule la possibilité d'un discours vrai à leur propos. Mais **il est plus délicat d'appréhender les réalités culturelles, dans la mesure où leur signification dépasse leur existence sensible (naturelle)** : une œuvre d'art ou un évènement historique sont des productions humaines chargées de sens. Or le sens n'est pas une réalité objective, puisqu'il relève de l'interprétation. Qui peut prétendre démontrer qu'une œuvre d'art est belle ?

Par conséquent, **les produits de la culture font l'objet d'une interprétation, non d'une démonstration**, dans la mesure où la vérité, ici, n'est pas la conformité entre le discours et le réel, mais l'adéquation entre le discours et la/ les signification(s) d'une réalité objective.

Pourtant, cela ne signifie pas que l'interprétation est purement subjective, dans la mesure où l'on ne peut faire dire n'importe quoi à une œuvre. Ainsi, **il est possible d'argumenter et d'avancer de bonnes raisons pour rallier autrui à son interprétation**. Dès lors, même dans les matières qui ne sont pas proprement démonstratives (religion, morale, métaphysique, art, histoire, etc.), les règles de la logique s'appliquent et il n'est pas excessif de parler de démonstration, puisque l'argumentation logique donne à un ressenti subjectif une portée universelle en avançant les raisons de son existence.

Ce qui doit être logiquement indémontrable ***

Selon **Friedrich Nietzsche** (1844-1900), l'idée de vérité n'est « rien de plus qu'un critère d'utilité dans l'intérêt de la majorité ». Le syllogisme, scientifique ou dialectique, repose sur des postulats qui sont tenus pour vrais sans être eux-mêmes démontrés, ce qui montre bien que **la logique n'est pas fondée sur la vérité, mais sur la croyance en la vérité**.

Aussi la logique n'est-elle qu'une perspective prise sur le réel, qui a triomphé dans la mesure où elle était utile à la masse, et qui cherche ainsi à identifier frauduleusement vérité et opinion du plus grand nombre. Ce n'est d'ailleurs pas un hasard si l'idée de vérité logique s'est fait jour avec la démocratie grecque, alors qu'elle n'existait pas auparavant.

Dans *Le Gai Savoir* (1882), Nietzsche s'emploie à retrouver la provenance biologique de la logique. À l'origine, **la logique repose sur une falsification du réel** : ce sont nos appareils perceptifs qui rapprochent des objets semblables et les réunissent dans des catégories, assimilant ainsi le semblable à l'identique, alors que dans la nature rien n'est identique – ni à soi, puisque nous changeons, ni à autre chose, car chaque chose est unique <u>(citation 7)</u>.

Seulement, pour se repérer dans le réel afin de mieux agir sur lui, il est fort utile de réunir dans des catégories des choses qui se ressemblent, pour mieux les identifier. La logique permet ainsi d'avoir prise sur le réel. Elle semble rechercher la vérité, mais en fait elle prépare toujours une action.

Ainsi, le philosophe estime qu'**il doit y avoir de l'indémontrable** : il est utile que nous tenions certaines choses pour vraies, non parce qu'elles le sont, mais parce qu'il serait nuisible pour nous d'en douter. Même le sceptique, qui doute de l'existence de tout, ne doute que d'un point de vue logique. En pratique, il est bien obligé de croire, sans quoi sa vie serait un enfer, comme en témoigne l'anecdote légendaire selon laquelle **Pyrrhon d'Élis** le sceptique (365-275 av. J.-C.) ne marchait qu'entouré de disciples, ceux-ci le retenant de tomber dans des précipices. Cela dit, marcher suppose déjà que l'on croie à l'existence du sol, de la dureté, bref : de l'existence du monde extérieur. Pour agir, et plus généralement **pour vivre, il faut croire**. Ainsi, même la logique est fondée sur une croyance : la croyance en la vérité.

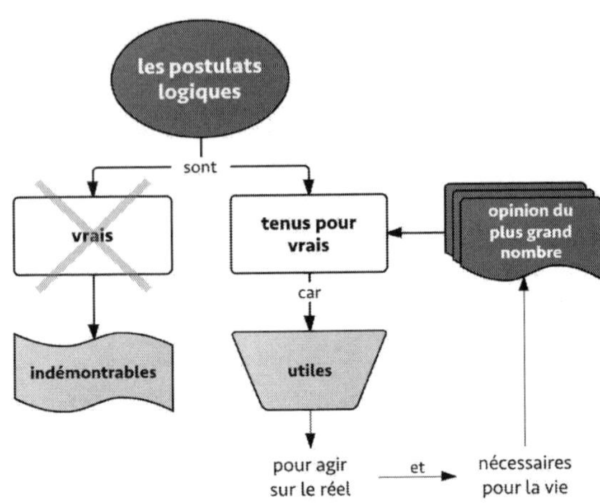

les postulats logiques
sont
vrais
tenus pour vrais
opinion du plus grand nombre
indémontrables
car
utiles
pour agir sur le réel
et
nécessaires pour la vie

La démonstration, avant d'être logique, a partie liée avec le pouvoir politique. Avec l'émergence de la démocratie, la logique de la puissance, qui permet de persuader, et la puissance de la logique, qui permet de convaincre, sont en concurrence. **Platon** défend, contre les sophistes, cette dernière.

Aussi a-t-il fallu élaborer des règles du raisonnement logique pour séparer la démonstration scientifique de ses faux-semblants : c'est là l'entreprise d'**Aristote**, qui met en évidence les principes de la logique, et distingue le syllogisme scientifique, dont les prémisses sont démontrées logiquement, du syllogisme dialectique, dont les prémisses sont seulement probables.

Il demeure clair, néanmoins, qu'on ne peut pas tout démontrer, comme l'a établi **Pascal**. La logique ne démontre que des relations entre éléments, mais ne peut jamais démontrer l'existence d'une réalité. **Kant** en conclut l'impossibilité de démontrer l'existence de Dieu.

Face à cette limite de la démonstration logique, **Descartes** se tourne vers la déduction mathématique et propose une méthode pour distinguer de manière assurée le vrai du faux, et ainsi établir des vérités certaines.

Finalement, il apparait que la logique est écartelée entre l'idéal de vérité logique et l'idéal d'efficacité pratique. **Nietzsche** soutient que la logique n'est pas fondée sur la vérité, mais sur la croyance en la vérité, et que cette croyance est nécessaire pour vivre.

Votre avis nous intéresse !
Laissez un commentaire sur le site de votre librairie en ligne
et partagez vos coups de cœur sur les réseaux sociaux !

POUR ALLER PLUS LOIN

- ARISTOTE, *Métaphysique*, traduction de Marie-Paule Duminil et d'Annick Jaulin, Paris, GF-Flammarion, 2008.
- ARISTOTE, *Organon*, traduction de Jules Tricot, Paris, Vrin, 1990-1995 (6 volumes).
- BENMAKHLOUF (Ali), *La Démonstration*, Paris, Ellipses, 2004.
- BLANCHÉ (Robert), *Introduction à la logique contemporaine*, Paris, Armand Colin, 1997.
- DESCARTES (René), *Discours de la méthode*, Paris, GF-Flammarion, 2000.
- DESCARTES (René), *Règles pour la direction de l'esprit*, Paris, Le Livre de Poche, 2002.
- DÉTIENNE (Marcel), *Les Maîtres de vérité dans la Grèce archaïque*, Paris, Le Livre de Poche, 2005.
- HUME (David), *Enquête sur l'entendement humain*, traduction d'André Leroy et de Michelle Beyssade, Paris, GF-Flammarion, 2006.
- KANT (Emmanuel), *Critique de la raison pure*, traduction d'Alain Renaut, Paris, GF-Flammarion, 2006.
- LEIBNIZ (Gottfried Wilhelm Leibniz), *Nouveaux Essais sur l'entendement humain*, Paris, GF-Flammarion, 1993.
- NIETZSCHE (Friedrich), *Le Gai Savoir*, traduction de Patrick Wotlinq, Paris, GF-Flammarion, 2007.
- NIETZSCHE (Friedrich), *Fragments posthumes (1885-1889)*, Paris, Gallimard, 1977.
- PASCAL (Blaise), *De l'esprit géométrique et de l'art de persuader*, Paris, GF-Flammarion, 1993.
- RUSSEL (Bertrand), *Problèmes de philosophie*, traduction

de François Rivenc, Paris, Payot, 1989.

TESTEZ VOS CONNAISSANCES !

ASSOCIEZ CHAQUE CITATION À L'EXPLICATION QUI LUI CORRESPOND.

- **Citation 1 :** « Le maître de vérité, c'est aussi un maître de tromperie. Posséder la vérité, c'est aussi être capable de tromper. » (DÉTIENNE [Marcel], *Les Maîtres de vérité dans la Grèce archaïque*, Paris, Le Livre de Poche, 2005)
- **Citation 2 :** « Le syllogisme est un discours dans lequel, certaines choses étant posées, quelque chose d'autre que ces données en découle nécessairement par le seul fait de ces données. » (ARISTOTE, « Topiques, I, 1, 100a25 », in *Organon*, Paris, Vrin, 1990-1995)
- **Citation 3 :** « [Le logicien au vieux monsieur :] tous les chats sont mortels. Socrate est mortel. Donc Socrate est un chat. – C'est vrai, j'ai un chat qui s'appelle Socrate. » (IONESCO [Eugène], *Rhinocéros*, Paris, Gallimard, 1972)
- **Citation 4** : « Cent thalers réels [anciennes pièces de monnaie] ne contiennent pas la moindre chose de plus que cent thalers possibles. En effet, comme ceux-ci expriment le concept, mais ceux-là l'objet et sa position en lui-même, au cas où celui-ci contiendrait plus que celui-là, mon concept n'exprimerait plus l'objet tout entier et, par conséquent aussi, il n'en serait plus le concept conforme. » (KANT [Emmanuel], *Critique de la raison pure*, Paris, GF-Flammarion, 2006, « Dialectique transcendantale », III, 4)
- **Citation 5 :** « [...] en poussant les recherches de plus en plus, on arrive nécessairement à des mots primitifs qu'on ne peut plus définir, et à des principes si clairs qu'on n'en

trouve plus qui le soient davantage pour servir à leur preuve. » (PASCAL [Blaise], *De l'esprit géométrique et de l'art de persuader*, Paris, GF-Flammarion, 1993)

- **Citation 6 :** « [...] ne recevoir jamais aucune chose pour vraie que je ne la connusse évidemment être telle [...] ; diviser chacune des difficultés que j'examinerais en autant de parcelles qu'il se pourrait et qu'il serait requis pour les mieux résoudre ; [...] conduire par ordre mes pensées en commençant par les objets les plus simples et les plus aisés à connaître [...] ; [faire] des dénombrements si entiers [...] que je fusse assuré de ne rien omettre. » (DESCARTES [René], *Discours de la méthode*, Paris, GF-Flammarion, 2000)
- **Citation 7 :** « En fait, la logique (comme la géométrie et l'arithmétique) ne s'applique qu'à des entités fictives, créées par nous. » (NIETZSCHE [Friedrich], *Fragments posthumes*, Paris, Gallimard, 1976, tome 13)
- **Explication a :** il est impossible de déduire l'existence réelle d'une chose à partir de son existence logique.
- **Explication b :** le raisonnement syllogistique est formé de deux prémisses dont découle nécessairement une conclusion.
- **Explication c :** un raisonnement logique, pour être valide, doit respecter des principes fondamentaux tels que, par exemple, le principe d'identité, qui constituent les conditions de possibilité de toute logique.
- **Explication d :** il n'est pas possible de tout démontrer.
- **Explication e :** il est aisé de manipuler les règles de la logique pour démontrer tout et son contraire. D'où l'importance d'obéir strictement aux règles du bon raisonnement.

- **Explication f :** il est nécessaire, pour parvenir à des vérités indubitables, de suivre une méthode précise dans nos démonstrations : il est important de partir de ce qui est évident pour en déduire des choses moins évidentes.
- **Explication g :** le rôle des maitres de vérité n'est pas de dire ce qui est, mais de dire ce qui doit être cru : la vérité est liée à la tromperie.
- **Explication h :** les produits culturels ne font pas l'objet d'une démonstration logique, mais d'une interprétation.
- **Explication i :** la logique repose sur une falsification du réel qui consiste à créer des catégories fictives.
- **Explication j :** contrairement au syllogisme scientifique, dans le syllogisme dialectique, les prémisses ne sont pas démontrées logiquement : elles sont seulement probables.

CHOISISSEZ UN SUJET BAC ET CONSTRUISEZ LE PLAN DE VOTRE DISSERTATION EN Y ASSOCIANT, SI POSSIBLE, CERTAINES DES CITATIONS ET DES EXPLICATIONS REPRISES CI-DESSUS.

- Y a-t-il d'autres moyens que la démonstration pour établir une vérité ? (bac S 2008)
- L'expérience peut-elle démontrer quelque chose ? (bac S 2006)
- Toute vérité est-elle démontrable ? (bac ES 2004)
- Faut-il vouloir tout démontrer ? (bac S 2004)
- N'y a-t-il de démonstration que scientifique ?
- L'exigence de démonstration nuit-elle à la liberté de

penser ?

- Une démonstration peut-elle mettre fin au doute ?
- La démonstration est-elle une condition de la science ?
- Suffit-il de démontrer pour convaincre ?
- Interprète-t-on à défaut de pouvoir démontrer ?

Rendez-vous sur lepetitphilosophe.fr et découvrez :

Plus de 1200 analyses
Claires et synthétiques
Téléchargeables en 30 secondes
À imprimer chez soi

ISBN version numérique : 978-2-8062-4460-4
ISBN version papier : 978-2-8062-4438-3
Dépôt légal : D/2017/12603/566

Schémas réalisés par Alberto Molina Pérez,
doctorant en philosophie des sciences
(Université Paris I-Panthéon-Sorbonne)

Conception numérique : Primento,
le partenaire numérique des éditeurs.

Made in the USA
Monee, IL
07 July 2026